Druck und Distribution im Auftrag der Autorin:
tredition GmbH, Heinz-Beusen-Stieg 5, 22926 Ahrensburg,
Deutschland

Inhaltsverzeichnis

Widmung

Für euch, liebe Leserinnen und Leser,
vier Kinder – vier Köpfe voller Fantasie. In unserer
Kinderschreibwerkstatt haben wir gemeinsam geträumt,
geschrieben, gelacht und gestaltet. Dabei sind
wundervolle Geschichten und selbstgemalte Bilder
entstanden – mal zauberhaft, mal abenteuerlich, mal
nachdenklich, doch immer ganz besonders. Mit unseren
Geschichten möchten wir anderen Kindern Mut machen,
ihrer Fantasie zu vertrauen, sich etwas zu trauen – und
einfach loszuschreiben. Denn jede Idee ist ein Anfang,
und jede Geschichte zählt. Wenn auch du gerne schreibst
und Lust auf ein eigenes Abenteuer hast: Auf
www.astridschneider.com kannst du dich für die nächsten
Schreibworkshops in der Kinderschreibwerkstatt
anmelden. Vielleicht steckt in dir
ja auch eine kleine oder große
Autorin, ein mutiger Erzähler,
ein Fantasie-Weltenerfinder?

Wir freuen uns auf dich – und
wünschen dir jetzt ganz viel
Spaß beim Lesen! 💜

Deine Kinderschreibwerkstatt-
Autorinnen.

3

Astrid Schneider

ist Amazon-Bestseller-Autorin, Coach und Trainerin für Hochsensibilität, Selbstliebe und Selbstfindung. Mit ihren Impulsen und Strategien begleitet sie Kinder und Erwachsene durch Krisen und herausfordernde Lebensphasen, indem sie ihnen hilft, ihr wahres Potenzial zu entfalten. Weit über 60 Bücher aus verschiedenen Genres stammen aus ihrer Feder. In ihrer Kreativschmiede entwickelt sie zudem stärkende Workbooks, die inspirieren, motivieren und zu nachhaltigen Veränderungen führen. Sie liebt es, mit ihren Worten zu berühren, zu verzaubern und Menschen auf ihrem Weg zu stärken. Als Ghostwriterin schreibt sie Romane und Biografien für Verlage und Privatpersonen. Sie unterstützt Menschen dabei, ihren Traum vom eigenen Buch zu verwirklichen – sei es, um ihr Fachwissen weiterzugeben oder eine persönliche Geschichte als Prozess der Heilung, Transformation und Selbstverwirklichung festzuhalten.

Mit ihren Kindercamps, Mama-Retreats und Coaching-Programmen in Niederösterreich/Gutenstein schafft sie besondere Erlebnisse an einem Kraftplatz in der Natur – für Klein und Groß.

Ein literarisches Highlight und in Österreich bekannt: Ihre Bücher(T)räume Buchmesse, die jedes Jahr Autor:innen, Verlage und Buchliebhaber:innen an einem einzigartigen Platz zusammenführt.

www.astridschneider.com

Beate Eichinger

ist Diplompädagogin für Volksschulen und leitet seit über 20 Jahren eine private zweisprachige Tagesbetreuungseinrichtung für Kinder von ein bis sechs Jahren in Sankt Pölten. Durch ihre vielfältigen Interessen hat sie schon Kinder und Jugendliche vieler Altersstufen in verschiedenster Form begleitet und bestärkt. Ob im Volksschulunterricht, in klassischen Nachhilfestunden, in Gruppenkursen als Vorbereitung auf die nächste Schulstufe oder im Reitunterricht auf Ponys und Pferden oder im Rahmen heilklimatischer Erholungsaufenthalte in Italien steht für sie immer die Person mit ihren individuellen Fähigkeiten und Talenten im Mittelpunkt. Beate Eichinger ist Mutter einer mittlerweile 20jährigen Tochter Leonie, die sie natürlich auch auf ihrer schulischen Laufbahn zur Elementarpädagogin begleitete. Der Apfel fällt nicht weit vom Stamm ...

Nach Gutenstein hat es sie der Liebe wegen verschlagen, zu Astrid Schneider auf den Mariahilfberg der Hunger. Bei einem herrlichen Frühstück in der Dorfpension lernten sich die beiden Powerfrauen kennen und schätzen. So entstand nicht nur Freundschaft, sondern auch eine sich ergänzende und befruchtende kreative Zusammenarbeit, unter anderem bei der Kinderschreibwerkstatt. Besonders Spaß machten der Pädagogin dabei der fantasievolle Austausch mit den jungen Autoren, die ihre Aufgabe sehr ernst nahmen. Das daraus entstandene Buch macht sie sehr stolz und sie wünscht den jungen Talenten alles Gute auf ihrer weiteren Bildungs- und Lebensreise.

Helena Gschaider

Name: Helena Gschaider

Alter: 11 Jahre

Wohnort: Steinbach

Das mache ich gerne: Reiten, Harfe spielen, lesen

Darum schreibe ich Geschichten:

Ich mag Geschichten und Bücher, vorallem über Tiere und Detektivgeschichten. Ich erfinde einfach gerne Geschichten

Mein größter Traum: ein Pferd zu haben

Leonie Webel

Name: Leonie, auch Leli genannt

Alter: 10 Jahre

Wohnort: in einem großen Haus mit einem großen Garten

Das mache ich gerne: Ich liebe Pferde, reiten. Ich liebe alle Tiere außer Spinnen. Auch male ich gerne, bin sehr kreativ und treffe mich gerne mit meinen Freundinnen

Darum schreibe ich Geschichten: Schreiben ermöglicht es mir, andere zum Lachen zu bringen und Freude zu teilen

Mein größter Traum:
Tierärztin zu werden, um Tieren zu helfen. Dressurreiterin werden

Sina Magnolia Bauer

Name: Sina Magnolia Bauer

Alter: 9 Jahre

Wohnort: Markt Piesting

Das mache ich gerne: tanzen und Theater spielen, Bücherlesen und Bücher schreiben

Darum schreibe ich Geschichten: Es ist einfach toll und ich lasse meiner Fantasie freien Lauf

Mein größter Traum: dass es meine Bücher in der ganzen Welt gibt oder einen Pteranodon als Haustier zu haben, einen der sprechen kann

Leni Vergud-Schärf

Name: Leni Vergud-Schärf

Alter: 10 Jahre

Wohnort: südlich von Wien wo die Berge anfangen

Das mache ich gerne: Ich schreibe, singe, male, tanze, schauspielere und lese gerne

Darum schreibe ich Geschichten: Ich schreibe gerne, weil es so Spaß macht und weil man dabei ganz kreativ sein und frei Sachen erfinden kann

Mein größter Traum: Ich will Drehbuchautorin, Choreografin, Sängerin oder Schauspielerin werden

Der Zirkuslöwe

von Helena Gschaider

Charakterbeschreibung:

Name: Olli, der Zirkuslöwe, wird auch Löwe genannt
Alter: irgendwas zwischen 5 und 8 Jahren
Eigenschaften: lieb und gemütlich
Fähigkeiten: Kunststücke
Lieblingstier: Löwe natürlich
Wohnort: Gehege im Zirkus
Hobbies: mit Lilly Spaß haben
Lieblingsfarbe: bunt
Mähnenfarbe: gelb, orange, braun
Augenfarbe: braun
Lieblingsessen: Fleisch aller Art
Beruf: Zirkuslöwe
Geschwister: ein Bruder, eine Schwester

Name: Zirkusdirektor, wird auch Chef genannt
Alter: 54 Jahre
Eigenschaften: laut und freundlich
Fähigkeiten: kann gut schauspielern
Lieblingstier: Adler, Falke, Mäusebussard
Wohnort: im Zirkus
Hobbies: Auftritte im Zirkus, Reiten
Lieblingsfarbe: rot, orange
Haarfarbe: grau
Augenfarbe: blau
Lieblingsessen: Suppe
Beruf: Zirkusdirektor
Geschwister: keine

Name: Moritz Sonntag, wird auch Momo genannt
Alter: 42 Jahre
Eigenschaften: fies und unbeliebt
Fähigkeiten: betrügen und lügen
Lieblingstier: Dinosaurier
(weil die schon ausgestorben sind)
Wohnort: bei seinem Bruder
Hobbies: Radfahren und betrügen
Lieblingsfarbe: alle oder keine
Haarfarbe: dunkelbraun
Augenfarbe: grünbraun mit etwas Blau
Lieblingsessen: Nudelauflauf, Gulasch
Beruf: Betrüger, Tierquäler
Geschwister: Hans Sonntag

Name: Hans Sonntag
Alter: 36 Jahre
Eigenschaften: böse, gemein,
tollpatschig
Fähigkeiten: stehlen, schmuggeln
Lieblingstier: Er hasst alle Tiere
Wohnort: rotes Haus am Stadtrand
Hobbies: um die Welt reisen, betrügen
Lieblingsfarbe: braun, grün
Haarfarbe: blond
Augenfarbe: blau
Lieblingsessen: Pizza
Beruf: Betrüger, Tierquäler
Geschwister: Moritz Sonntag

Moritz +
Hans
Sonntag

Name: Lea, wird auch Luisa Sidne genannt
Alter: 12 Jahre
Eigenschaften: schlau, sportlich
Fähigkeiten: schnell, sportlich
Lieblingstier: Hase, Pferd
Wohnort: im Zirkus
Hobbies: Vorführungen, laufen, turnen
Lieblingsfarbe: blau
Haarfarbe: hellbraun
Augenfarbe: grün
Lieblingsessen: Chilli Con Carne
Beruf: Wenn sie erwachsen ist, arbeitet sie als Turnerin im Zirkus
Geschwister: Lilly

Name: Lilly, wird auch Tierflüsterin genannt
Alter: 10 Jahre
Eigenschaften: abenteuerlustig, tierlieb
Fähigkeiten: kann gut mit Tieren umgehen
Lieblingstier: Löwe
Wohnort: überall im Zirkus
Hobbies: Kunststücke mit Olli üben
Lieblingsfarbe: rosa und grün
Haarfarbe: hellbraun
Augenfarbe: grün
Lieblingsessen: Erdbeereis
Beruf: Wenn sie erwachsen ist, arbeitet sie im Zirkus mit Tieren
Geschwister: Lea

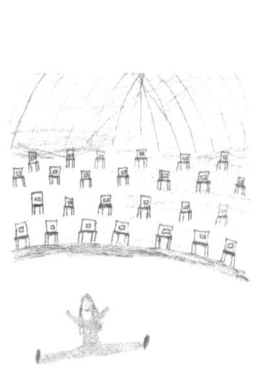

Kapitel 1:
Es ist noch kein Meister vom Himmel gesprungen

Lea und Lilly waren Geschwister und lebten mit ihren Eltern im Zirkus Conella. Die beiden Mädchen hatten hellbraune Haare und grüne Augen. Lea war 12 Jahre alt und Lilly 10.

Wie jeden Freitag um 15:00 Uhr traten Lea und Lilly im Zirkus auf. Lilly, die sehr tierfreundlich war, liebte ihre Arbeit und verbrachte sehr viel und gerne Zeit mit Olli, dem Löwen. Sie gab gerade dem Löwen ein Zeichen, und er sprang durch einen Reifen, während die fröhlichen Clowns mit bunten Tüchern jonglierten. Olli, der Löwe, sprang gut gelaunt durch die Manege und lief im Slalom um kleine Hütchen. „Macht das Spaß", dachte Olli und lächelte breit.

„Das ist Tierquälerei!", flüsterte jemand im Publikum und zückte flüsternd sein Handy. Im Publikum saßen nicht nur gut gelaunte Leute. Auch ein schrecklicher Mann war unter ihnen. Er saß gleich in der ersten Reihe. Er strich sich über die braunen Haare und sein Gesicht lief rot an – vor Zorn. In der Zeitung hatte er vom Zirkus erfahren. Dort stand auch die Telefonnummer vom Zirkusdirektor. Wütend zog er sein Handy hervor.

„Den Löwen krieg ich schon noch, das ist ein Einsatz für den Tierschutzverein", murmelte er böse.

Er sah sehr furchteinflößend aus, mit seiner großen Narbe auf der Stirn. Auf seinem Gesicht war ein böses Lächeln zu sehen, als er eine Nachricht an den Zirkusdirektor schrieb. Wütend tippte er: „In fünf Tagen komme ich zu Ihnen in den Zirkus und werde mir die Tiere anschauen. Ich bin ein Tierschützer und werde Ihre Tiere im Zirkus anschauen."
An diesem Tag waren sehr viele Besucher im Zirkus, dadurch bemerkte keiner seine schlechte Laune.

Und so kam es dann auch. Fünf Tage später kam er. Der Tierschützer betrat den Zirkus als die beiden Mädchen gerade probten. Lilly und Lea war er sofort unsympathisch. Irgendwie fühlten sie schon, dass er nichts Gutes vorhatte. Er sah den Direktor, ging näher und schüttelte ihm die Hand. Dann stellte er sich vor: „Guten Tag, mein Name ist Herr Sonntag!"
Nervös zupfte Herr Sonntag an seinem Hemd herum. Er rümpfte die Nase, als wollte er sagen: „Ich habe eine Tierhaarallergie!" Stattdessen sagte er mit bösem Ton: „Zu wenig Platz hier! Am besten Sie verkaufen den Löwen – dann gibt es viel Geld für Sie und keine Probleme mit dem Tierschutzverein!"
Heimlich dachte er: „Wenn ich den Löwen mit Falschgeld kaufe und dann wieder verkaufe, dann gibt es viel Geld für mich."
Lilly lauschte dem Gespräch und wurde immer wütender. Als Lilly alles gehört hatte, schwor sie sich, dass sie den Löwen niemals hergeben würde.

Auch der Direktor wurde wütend und schrie: „Das können Sie vergessen. Niemals kommt der Löwe zu Ihnen."

Herr Sonntag antwortete: „Dann hole ich den gesamten Verein!"

Er machte einen großen Schritt vorwärts, doch er hatte nicht mit dem Seiltänzer gerechnet. Er fiel hin, rappelte sich wieder auf und lief torkelnd weiter. Da übersah er das nächste Hindernis. Ein großes Tuch hing von oben von der Zeltdecke hinunter. Plötzlich zog ein Clown Herrn Sonntag hinauf. So hoch wie es sonst nur in der Vorstellung war. Ängstlich blickte der Tierschützer nach unten. Dann sprang er und der Clown fing ihn auf.

„Es ist noch kein Meister vom Himmel gesprungen!", lachte Lea.

Kapitel 2:
Der Tierquäler

Die Clowns, die das Gespräch zwischen Herrn Sonntag und dem Direktor mitangehört hatten, diskutierten laut. Plötzlich rief Lilly: „Schau mal Lea, was ich gefunden habe!" Lea kam näher und sah etwas in ihrer Hand.

„Ich habe einen Brief hinter den Bänken gefunden!", schrie sie, denn die Clowns unterhielten sich immer noch lautstark. Mit einem lauten Quietschen öffnete sich die Türe und der Zirkuslehrer trat ein.

„Boah, ihr macht ja schon die Hausübung! Das kommt ja bei euch Mädchen eher selten vor. Aber es freut mich zu sehen." Die zwei Mädchen schauten sich verwirrt an. Dann verstanden sie, dass er den Brief meinte. Sie erinnerten sich, dass sie eigentlich heute mit dem Zirkuslehrer einen Brief schreiben sollten und er dachte, dass sie das schon getan hätten. Stattdessen hatten sie nur den gefundenen Brief in der Hand. Lilly wurde rot und flüsterte: „Also die Hausübung … na das ist …". Sie wollte es ihm beichten, dass es nicht die Hausübung war. Doch der Zirkuslehrer sah die Mädchen zufrieden an und ging schon wieder. Die Mädchen kicherten und schauten wieder zum Brief. „Öffne doch schnell den Brief, ich bin schon ganz neugierig!", flüsterte Lea. Lilly wollte diesen geheimnisvollen Brief gerade öffnen, als die Eltern der beiden Schwestern auftauchten.

Sie wurden zum Abendessen gerufen. Die Mutter war Maskenbildnerin und der Vater arbeitete als Turner, genau wie die Mädchen in diesem Zirkus. Den Brief mussten sie wohl auf später verschieben. Schnell versteckte ihn Lea in ihrer Hosentasche. Sie aßen schnell und dann öffneten sie am Abend endlich den Brief. Lilly las ihrer Schwester vor:

> **Du Hans,**
> **ich wollte dich noch was fragen.**
> **Wie lange wird es dauern bis du**
> **den Löwen hast? Sollen wir uns**
> **morgen im Cafehaus Fliegenpilz**
> **in der Nähe vom Zirkus treffen?**
> **Beim nächsten Zirkus bin ich**
> **wieder der Tierschützer – du bist zu**
> **tollpatschig und kannst nicht gut**
> **genug lügen!!!**

Dein Bruder Moritz S.

Als sie den Brief gelesen hatten, sahen sich die Schwestern verwundert an. „Schau doch mal aufs Kuvert!", forderte Lilly Lea auf. Sie tat es und dachte nach. Dann verstand sie, dass dieser Brief von Herrn Moritz Sonntag war. Er hatte einen Bruder, der Hans hieß und sich heute im Zirkus als Tierschützer ausgab! Gemeinsam bildeten die zwei Brüder das Betrügerteam. Von Geld verstanden sie mehr als von Tieren.

Kapitel 3:
Die Brüder im Cafehaus

„Moritz Sonntag, von dem habe ich noch nie gehört!", sagte Lilly. „Ich auch nicht, aber wir müssen Olli beschützen", antwortete Lea. Deshalb erstellte Lilly einen Plan. Lea las alles laut vor:

1. Wir holen Kostüme und Schminksachen aus Mamas Schrank.
2. Wir schminken uns und ziehen die Kostüme an.
3. Wir gehen zum Cafe.
4. Wir setzen uns an einen Tisch neben die zwei.
5. Wir bestellen Essen, was Erwachsene immer bestellen: Mama isst gerne Suppe und Papa Pommes. Lea sagte, dass sonst nur Kinder Pommes essen! (Ich mag keine Suppe!)

Am Tag darauf machten sie es genau so. Als erstes lief alles nach Plan. In eleganten Kleidern und jeder Menge Schminke konnten sich die beiden kaum wiedererkennen. Das himmelblaue Kleid stand Lea wirklich ausgezeichnet. Auch Lilly hatte sich ein schönes grünes Kleid ausgesucht. Als sie im Cafe ankamen, lief es dann doch schwerer als gedacht. Der Kellner mit dem schwarzen glänzenden Anzug fragte: „Ein Tisch für zwei Personen, oder Frau... äh...?"
„Li...d...he... Luisa Liane, heiße ich."

„Genau, ein Zweiertisch!", murmelte Lea hastig. Der Kellner führte sie an einen Fensterplatz.

„Aber Luisa, der Platz ist viel zu grell. Mit Maria sitze ich immer dort drüben", sagte Lea und reagierte blitzschnell. Sie deutete Richtung Herrn Sonntag. Er saß an einem gemütlichen Platz mit seinem Bruder auf einem roten Sofa.

Sofort führte der Kellner sie an den anderen Platz. Er fragte, was sie essen wollten.

„Spaghetti Bolognese, bitte!", riefen die Mädchen im Chor. Am Nachbartisch begann ein Gespräch und sie lauschten: „Du wirst mir nicht glauben wie viel der kleine Olli wert ist. Echtes Gold oder nur Gold, kein Falschgold. Ich allerdings bekomme den Löwen gratis. Irgendwie!"

Der Kellner kam wieder mit den Spaghetti. Und mit ihnen kam das nächste Problem.

Die Zirkusleute dachten nicht mal dran, die Spaghetti mit Gabel und Löffel aufzurollen. Lilly und Lea sogen die langen Nudeln mit dem Mund auf. Da fiel Lea ein, dass sie sich in einem vornehmen Café befanden. Lea zog schnell das Notfallhandy heraus (denn dies war ja ein Notfall) und gab in Google ein: Wie isst man Spaghetti? Leider fand sie nur Rezepte im Internet. Als wäre das nicht schon genug, klebte das Kleid voller Spaghetti. Unruhig zappelte Lilly auf dem Sessel hin und her. Sie starrte auf ihr grasgrünes Kleid und meinte: „Wenn ich Basilikumsoße auf die Spaghetti bestellt hätte, wäre es nicht so aufgefallen."

Da musste Hans aufs Klo und starrte auf Lillys Schuhe. „Ich weiß wer du bist! Deine Schuhe haben dich verraten. Was hast du hier zu suchen?", fragte er streng. „Verschwinde mit deiner Schwester!", brüllte er dann Lea an. Die Schwestern nickten, wie brave Kinder. Enttäuscht über alles liefen sie die Straße entlang als Lea plötzlich stoppte. „Wir wären nicht Lilly und Lea, wenn wir es den Tierquälern einfach machen würden".

„Genau, wir werden Olli, den besten Löwen der Welt retten."

Kapitel 4:
Club der Detektive

Als sie kurz vor dem Zirkus ankamen, fragte Lea zögernd: „Sollen wir doch die Polizei holen, die zwei wollen ihn doch bestimmt entführen?"

„Nein, wir haben keine Beweise!", sagte Lilly bestimmt. Die beiden Mädchen beschlossen den Club der Detektive zu gründen.

„Aber was brauchen wir denn dafür?", fragte Lea. „Einen Detektivausweis und ein Abhörgerät", fiel Lilly ein.

„Ein Detektivausweis ist eine super Idee. Aber ein Abhörgerät ist sicher teuer", überlegte Lea.

„Der Ausweis soll rosa oder grün sein", sagte Lilly bestimmt.

„Nein, lieber blau", entgegnete Lea. Schließlich einigten sie sich auf einen roten Ausweis.

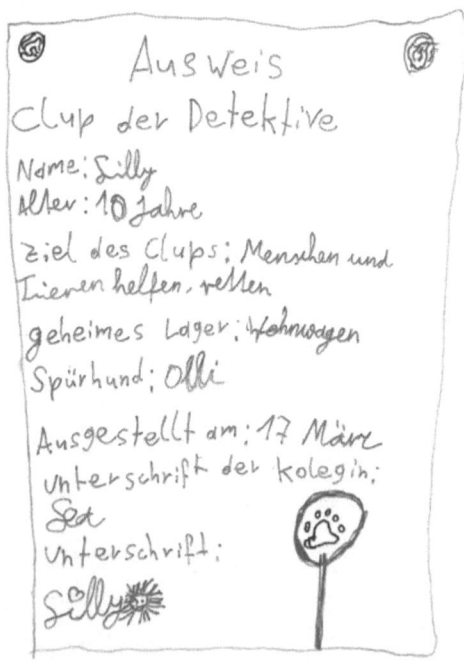

Ausweis
Club der Detektive
Name: Lilly
Alter: 10 Jahre
Ziel des Clups: Menschen und Tieren helfen, retten
geheimes Lager: Wohnwagen
Spürhund: Olli
Ausgestellt am: 17 März
Unterschrift der Kolegin:
Lea
Unterschrift:
Lilly

Bei der Nachmittagsvorstellung stand eine Verfolgungsjagd auf dem Plan. Olli lief dem Clown hinterher. Das Publikum fieberte eifrig mit, und ein kleiner Junge zappelte aufgeregt auf seinem Platz hin und her.

„Meinst du wirklich, Herr Sonntag und sein Bruder wollen Olli mit Falschgeld kaufen?", fragte Lilly ihre große Schwester am Abend. Lea zuckte ratlos mit den Schultern.

Zur selben Zeit saßen in einem roten Häuschen am Stadtrand Hans und Moritz Sonntag und besprachen eifrig ihren Plan: „Ich glaube diese Mädchen führen etwas im Schilde. Ich denke, die zwei ahnen was wir vorhaben."
„Vielleicht hast du recht, wir müssen aufpassen", gab Hans zu. Doch wie sehr er recht hatte, wusste Moritz noch nicht.

Kapitel 5:
Olli wird entführt

Herr Sonntag kam wieder in den Zirkus. Heute traf er den Papa von Lilly und Lea, denn Olli, der Löwe, gehörte eigentlich Lilly. Übertreiben höflich fragte Hans Sonntag: „Wollen Sie den Löwen nicht verkaufen?"
Lillys Papa schüttelte den Kopf. „Niemals!", murmelte er. „Lilly wäre wütender als ein Löwe. Also wütender als der wütendste Löwe der Welt." Ihr Vater wusste genau, wenn Lilly wütend wurde, flog schon mal der ein oder andere Jonglierball.

In dieser Nacht schlief Lilly sehr schlecht. Von draußen hörte sie ein gespenstisches Geräusch. Da sie ja jetzt eine Detektivin war, verließ sie das Zimmer und ging leise zu ihrer Schwester. Gemeinsam schlichen sie zu dem Wohnwagen. „Hol das Notfallhandy!", flüsterte Lilly.
Sie schlich mucksmäuschenstill in die Richtung von Ollis Gehege. Schleichen konnte sie gut. Plötzlich sah sie Moritz Sonntag. Er hatte ein Gewehr in der Hand und schoss. Lilly war kreidebleich und fiel fast um vor Schreck. Da sagte Hans: „Na der ist jetzt betäubt. Nimm ihn an den Vorderhufen und ziehe ihn zum Auto!"
Lilly musste grinsen, denn als Vorderhufe hatte Ollis kräftige Pranken noch keiner bezeichnet.

Lea kam angelaufen und streckte den Daumen nach oben. Sie hatte also die Polizei verständigt. Hans und Moritz hatten große Mühe während sie Olli in ihr Auto zogen. Beide Mädchen standen still in der Nähe und beobachteten alles. „Hoffentlich kommt die Polizei gleich!", flüsterte Lilly und drückte fest beide Daumen.

Kapitel 6:
Der beste Löwe der Welt

„Oh nein, sie fahren schon weg!", hauchte Lea.

„Das ist total blöd. Besser wäre es, wenn sie noch warten würden, bis die Polizei kommt!", verdrehte Lilly die Augen. Wie immer, wenn was los war, kam sofort der Direktor angelaufen. Nachdem Lea ihm alles erzählt hatte, holte er sein Motorrad, um den Verbrechern zu folgen. Lilly kletterte auf den Sitz dahinter und hielt das Telefon des Direktors, um mit dem Notfallhandy zu telefonieren. Lea leitete dann alles an die Polizei weiter.

„Wir sehen das Auto. Wir sind in der Fichtengasse Ost!", brüllte Lilly gegen den Lärm des alten Motorrads ins Telefon. Glücklicherweise überholte sie da ein Polizeiauto. Hans Sonntag gab Gas, aber genau zwei Minuten später lag das Auto mit Hans, Moritz und Olli im Graben. Zum Glück kamen auch die Rettung und die Feuerwehr. Moritz schimpfte: „Können wir nicht ein einziges Mal Glück haben? Mist, warum hat unser Plan nicht funktioniert?"

Die Polizei ging zu den zwei Bösewichten und Olli. Und die Rettung stellte fest, dass die beiden sich das Bein gebrochen hatten. Olli wurde von den Polizisten zurückgefahren. Zufrieden fuhren auch Lilly und der Zirkusdirektor zurück zum Zirkus. Sofort rannte Lilly zu Olli.

Lilly erzählte Olli die ganze Geschichte und umarmte ihn glücklich.

„Olli, du hast so viel erlebt. Du wurdest von den Bösen betäubt und hast vorher vom Arzt eine Aufwachspritze bekommen", erzählte Lilly ihrem Löwen. Als er wach wurde lächelte er sie glücklich an.

Übrigens kam ein paar Tage später ein echter Tierschützer und stellte fest, dass das Gehege doppelt so groß war, wie es sein musste.

„Hallo, mein Name ist Herbert Montag. Meine Chefin Frau Dienstag schickt mich!", stellte er sich vor und Lea und Lilly kicherten laut.

Das Glitzer Abenteuer

von Leonie Webel

Charakterbeschreibung:

Name: Kitty, eine Katze
Eigenschaften: färbt sich rosa, wenn sie Wasser berührt

Name: Star, ein Einhorn
Eigenschaften: kann zaubern

Name: Rainbow, eine Blume
Eigenschaften: kann sich in ein Portal verwandeln

Name: Bunny, ein Hase
Eigenschaften: ist super stark

Kapitel 1:
Ein Ausflug zur Blumenwiese

An einem wunderschönen Morgen im Zauberwald traf sich das Kätzchen Kitty mit ihren Freunden. Kitty, die eine graue Tigerkatze war, und wenn sie Wasser berührte, färbte sie sich rosa. Das Einhorn Star, das ganz viel Glitzer im Fell hatte und der Hase Bunny, der sehr schwere Sachen tragen konnte, trafen sich an der Zaubermühle. Diese war am Stadtrand von Keksen. Sie wollten spazieren gehen und Kitty schlug vor: „Gehen wir doch zur Blumenwiese, da sind richtig schöne und viele Blumen."

Also gingen alle drei los. Auf dem Weg bemerkten sie, dass die Brücke nicht mehr ganz war. Sie überlegten und überlegten, ob es sicher war, hinüberzugehen. Aber es fiel ihnen keine Lösung ein. Auf einmal kam eine Glitzerwolke.

Sie fragte die Freunde: „Was ist denn los?"

Das Einhorn sagte zur Wolke: „Die Brücke ist kaputt. Hast du eine Idee, wie wir da rüber kommen?"

„Da fällt mir bestimmt etwas ein. Lass mich kurz nachdenken", sagte die Wolke und hüllte die Brücke in einen Glitzerstaub.

„Fertig", schrie die Wolke dann. Sie war sehr zufrieden, denn sie konnte den Freunden helfen. Die drei bedankten sich bei ihr und gingen über die Brücke. Als sie fast bei der Blumenwiese angekommen waren, versperrte ihnen ein riesiger Keks den Weg.

„Hey? Hallo, Herr Keks. Könnten Sie bitte auf die Seite rollen?", sagte Star. Doch Herr Keks rührte sich nicht, denn er schlief. Als sie bemerkten, dass er schlief, rüttelten sie ganz kräftig an ihm, doch er bewegte sich immer noch keinen Zentimeter. Das Einhorn kam ganz nahe und sagte: „Ich habe eine Idee." Sie sprühte den Keks von oben bis unten voll mit ihrem Glitzer und dann plötzlich rollte der Keks von selber im Schlaf zur Seite.

„Wow", schrien die Freunde
und alle drei freuten sich sehr.

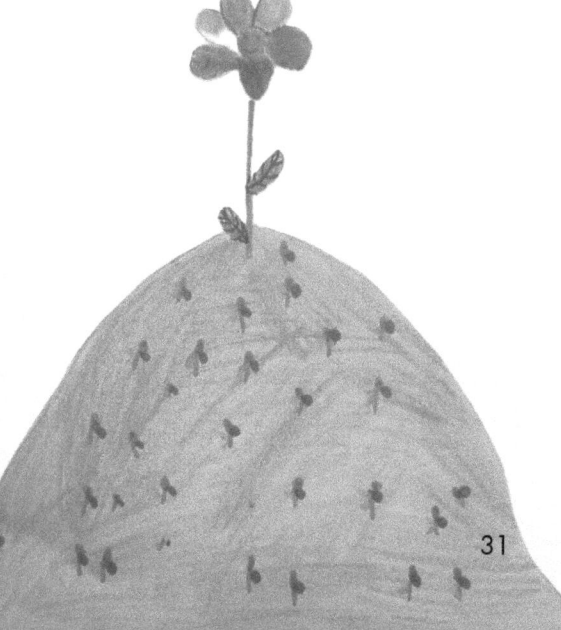

Kapitel 2:
Die bunte Blume und der Bär

Als der Keks auf die Seite gerollt war, gingen sie über die Brücke und die drei Freunde sahen die große Blumenwiese! Überall waren kleine Blumen, doch auf einem großen Hügel war eine riesige regenbogenfarbige Blume. Neugierig rannten sie alle drei nach oben. Als sie oben waren, drehte sich plötzlich die große Blume um und spritzte die drei Freunde an. Blitzschnell färbte sich das Fell des Kätzchens Kitty rosa. „Oh, das tut mir leid, ich spritze immer, wenn sich mir jemand von hinten nähert!", sagte die Regenbogenblume.

„Das tut uns leid. Das wussten wir nicht", sagte der Hase Bunny.

Fröhlich schlug die Blume vor: „Lasst uns alle zusammen etwas spielen. Habt ihr Lust?" Die drei Freunde sagten sofort ja. Alle vier spielten fröhlich bis zum Abend.

Als die Sterne am Himmel schienen, legten sich alle vier ins Gras und schliefen glücklich ein.

Am nächsten Morgen wachten die Freunde müde auf. Erschrocken rief das Einhorn Star: „Oh nein, ich glaube wir müssen schnell zurück in die Stadt, denn bestimmt fragt sich jeder aus Keksen wo wir sind!"

Also machten sich die drei auf den Rückweg. Sie gingen über die reparierte Brücke und grüßten die Regenbogen- wolke freundlich. Als sie nur noch den Berg hinunter gehen mussten, trat plötzlich ein riesiger Marshmallow-Bär hervor und sagte mit tiefer Stimme: „Stopp! Ihr kommt hier nur vorbei, wenn ihr mir eine Frage beantwortet."

Also stellte er seine Frage: „Wer hat die Brücke repariert?"

Da rief Star schnell: „Es war die Regenbogenwolke, sie hat die Brücke repariert."

Der Bär brummte und lächelte. „Richtig! Na gut, ihr könnt weitergehen."

Kapitel 3:
Hilfe für den Bürgermeister

Als sie in ihrer Stadt Keksen ankamen, feierten alle, dass sie wieder da waren. Die ganze Stadt Keksen hatte sich gefragt, wo sie so lange waren. Also erzählte das Kätzchen Kitty die ganze Geschichte, wie sie sich auf den Weg zur Blumenwiese gemacht hatten. Sie erzählte auch von der Regenbogenwolke, die die Brücke repariert hatte, dem riesigen schlafenden Keks und dem Marshmallow-Bären mit seiner Frage. Als Kitty die spannende Geschichte fertig erzählt hatte, staunten die Stadtbewohner.

Plötzlich kam der Einhorn-Bürgermeister in seinem Anzug aus seinem Büro heraus gerannt. Außer Atem sagte er: „Im Schokoerdbeerwald ist ein Baum umgefallen und morgen kommen Einhörner, die sich den Wald anschauen wollen. Wenn der Baum nicht wegkommt, verliere ich meine Arbeit."

Alle Bewohner von Keksen waren sehr erschrocken, denn sie mochten den Bürgermeister und wollten nicht, dass er seine Arbeit verliert.

„Oh nein, ich bin so ratlos, hat jemand von euch eine Idee?", fragte der Bürgermeister.

Da rief Bunny laut: „Wir machen das, denn wir sind ein perfektes Team." Die zwei Freunde Star und Kitty waren sofort von seiner Idee begeistert.

Also machten sie sich auf den Weg zum Schoko-erdbeerwald. Sie kannten diesen Wald schon seit sie klein waren, denn sie waren fast jeden Tag dort um zu spielen. Nach ein paar Minuten kamen sie dort an und Bunny sah als Erste den Baum. Schnell hoppelte sie dorthin. Star und Kitty gingen hinterher und sahen, wie Bunny den riesigen Baum aufhob und ihn wegtrug. Bunny trug den Baum zur riesigen Baumanlage und ein großer starker Kater nahm ihn und brachte ihn in die Anlage.

„Super", riefen die Freunde.

Sie waren sehr stolz, dass sie dem Bürgermeister helfen konnten und dass er nun nicht seine Arbeit verlieren würde.

„Bunny, du bist der stärkste Hase der Welt. Toll, dass wir dich dabei hatten", sagte Star.

„Danke, Star. Ich freue mich, dass wir Freunde sind", sagte Bunny.

„Ich finde wir sind das beste Team hier in der Stadt", kicherte Kitty.

Schnell liefen alle drei zurück und erzählten fröhlich dem Bürgermeister, dass der Baum jetzt weg war und sie ihm helfen konnten. Glücklich rief der Bürgermeister: „Juhu, ich danke euch herzlich. Gut, dass wir so ein tolles Team hier in unserer Stadt Keksen haben." Zufrieden ging er wieder in sein Büro.

Kapitel 4:
Das magische Portal

Ein paar Stunden später dachte Star an die Regenbogen-blume „Rainbow" und sagte: „Wir sollten mal wieder zu unserer neuen Freundin. Nicht, dass sie glaubt, dass uns etwas passiert ist."

Sie gingen los und durchliefen die Stadt. Sie gingen den Weg hoch, der sich zwischen den Steinwänden befand. Sie grüßten den Marshmallow-Bären, der dort seine Höhle hatte und die Tiere jetzt kannte. Dann gingen sie durch den Wald und kamen an der reparierten Brücke vorbei, wo die Regenbogenwolke schon auf sie wartete. Dann sahen sie den riesigen Keks. Doch diesmal schlief er nicht. Als sie bei der Blume ankamen, erzählte Star, was sie erlebt hatten. Während Star erzählte, sah Kitty wie eine Biene auf die Regenbogenblume flog. Sofort sprang Kitty auf die Blume, doch als sie blitzschnell auf der Blume landete, verwandelte sich plötzlich die Blume in ein riesiges Portal. „Wow, was passiert denn hier?", rief Kitty laut. Mit großen Augen staunten die anderen und waren neugierig, was hinter dem Portal lag. Interessiert sprangen alle in das Portal hinein. Sie sahen sich um und merkten, dass sie auf einem riesigen Feld standen. Überall waren Mangobäume, große und ganz kleine.

Star wollte wieder zurück, weil sie Mangos hasste, doch in diesem Moment schloss sich das Portal. Mit lauter Stimme sagte eine Mango: „Wenn ihr wieder nach Hause wollt, müsst ihr drei Sachen finden und sie hierher bringen, erst dann öffnet sich das Portal wieder."

„Welche Sachen?", fragte das Einhorn.

Die Mango zählte auf: „Einen grünen Stein aus dem Himbeerfluss, eine rosa Kokosnuss von der Cocoinsel und ein Blatt von einer Feuerblume. Ihr habt drei Tage Zeit um die Dinge zu finden", sagte die Mango.

Aufgeregt machten sich die drei auf den Weg zum Himbeerfluss. Sie liefen eine Weile durch die unbekannte Gegend, als ihnen auffiel, dass sie nicht wussten, wo genau der Fluss war. Da fragten sie eine Glitzermöwe, die gerade vorbeiflog.

„Hey, Glitzermöwe. Kennst du dich hier aus? Kannst du uns den Weg zum Himbeerfluss sagen?"

Die Möwe dachte nach und erklärte ihnen dann: „Ihr müsst immer nur geradeaus gehen, denn ihr seid schon auf dem richtigen Weg." Nach langem Marschieren sah Bunny endlich den Fluss und rief laut: „Schaut doch, da vorne ist der Fluss."

„Aber wo kann denn der Stein sein?", fragte Star und schaute sich um. Als sie alle vor dem Fluss standen, sagte das Einhorn einen Spruch: „Glitzer, Glitzer, meine, zeige uns die grünen Steine."

Da leuchtete plötzlich ein grüner Stein im Wasser auf und Star sprang sofort in den Fluss, um ihn zu holen.

„Juhuu", schrie Kitty. „Wir haben ihn gefunden."

„Und wieder ist ein neues Abenteuer geschafft", kicherte Bunny.

Langsam wurde es Nacht und sie waren schon sehr müde.

Sie legten sich in die Wiese neben den Fluss und schliefen schnell ein. Am nächsten Tag weckte Kitty Star und Bunny.

Sie sagte: „Wir müssen jetzt noch die Kokosnuss auf der Cocoinsel finden, und noch ein Blatt von einer Feuerblume." Sie einigten sich zuerst die Kokosnuss zu finden. Aber sie wussten schon wieder nicht, wo sie hingehen sollten. Wo konnte nur die Cocoinsel sein?

Da sahen sie einen silbernen Fisch im Wasser, der sie neugierig beobachtete. Sie fragten ihn nach dem Weg.

„Hallo, Herr Fisch. Wir sind auf einer Abenteuerreise und suchen eine rosa Kokosnuss. Hast du eine Idee, wo wir die rosa Kokosnuss finden können?"

Der Fisch schwamm noch eine Runde und dann sagte er: „Klar! Ihr müsst am großen Baum nach rechts abbiegen und danach nur noch geradeaus gehen."

„Danke", schrien die Freunde und rannten los.

Nach einer Weile kamen sie von einer Wiese an einen Strand und da sahen sie ein Schild auf einer kleinen Insel, wo drauf stand „Cocoinsel".

Eine einzige Palme stand dort und die Insel war sehr klein. Star sagte: „Lass uns rüber schwimmen", doch da schrie Kitty: „Auf gar keinen Fall gehe ich ins Wasser, ich färbe mich rosa und hasse Wasser." Star nahm Kitty genervt auf den Rücken und flog über das Wasser. Bunny schwamm blitzschnell zu ihnen auf die Insel.

Kitty sah sofort die rosa Kokosnuss und kletterte die Palme hoch. Sie packte mit ihren Krallen die Kokosnuss und schmiss sie nach unten, wo die anderen schon sehnsüchtig warteten. Als Kitty vom Baum heruntersprang, jubelten ihre Freunde. Sie waren froh, dass sie die rosa Kokosnuss runtergeholt hatte.

Bis tief in den Abend feierten sie und freuten sich, dass sie jetzt nur noch das Blatt der Feuerblume holen mussten. Langsam wurde es wieder Abend und die Freunde merkten, dass sie sehr müde waren. Also legten sie sich in den Sand und schliefen friedlich ein.

Am nächsten Morgen wurden sie von den ersten Sonnenstrahlen geweckt und standen schon putzmunter da. Sie wollten losgehen, doch da schrie Bunny: „Stopp. Wir wissen wieder nicht, welche Richtung wir gehen müssen."

Mit großen Flügelschlägen kam ein Donut-Kakadu und landete direkt neben ihnen. „Hey ihr, ich habe gehört, dass ihr die Feuerblume sucht. Wisst ihr wo sie ist?"

Darauf antwortete Kitty traurig: „Nein, wir wissen es leider nicht. Kannst du uns bitte den Weg erklären?"

Der Donut-Kakadu erklärte ihnen ganz genau den Weg.

„Ihr müsst vorsichtig über den Baumstamm gehen, der liegt direkt über dem Erdbeersirupfluss. Dann kommt ihr an eine Kreuzung, dort geht ihn rechts entlang und dann werdet ihr nach 50 Schritten an euer Ziel kommen.

Dann erreicht ihr ein Feld, dort stehen viele rot-weiße Blumen. Doch nur eine ist die richtige. Sucht die gelb-rote Blume. Das ist die Feuerblume."

Zufrieden gingen sie sofort los und hofften, dass sie sich alles gemerkt hatten. Nach zwei Stunden kamen sie endlich an dem Blumenfeld an und suchten ewig lang nach der Feuerblume.

Plötzlich schrie Bunny: „Hier, hier, ich glaube das ist sie."

Wieder jubelten alle, denn sie hatten das letzte Stück für die Befreiung aus dem Portal gefunden. Bunny pflückte das Blatt der Feuerblume vorsichtig und rasch machten sich alle auf den Rückweg zur Mango. Nach vielen Stunden kamen sie endlich bei der Mango an und zeigten ihr die drei Dinge.

„Super, dieses Abenteuer habt ihr geschafft, jetzt öffne ich euch das Portal."

Die Freunde sprangen alle durch das Portal. Mit einem lauten Knall schloss sich das Portal und verwandelte sich wieder in die Regenbogenblume Rainbow.

Zufrieden berichteten sie all ihre Abenteuer der Regenbogenblume.

Kapitel 5:
Rettung Fuchsbaby

Nach einer Weile hörten sie etwas im Gebüsch. Ein leises Fiepen war zu hören, fast wie ein kleiner Hilferuf. Neugierig schauten sie nach – und da war es: ein kleines Marshmallow-Fuchsbaby! Es sah sie mit großen Augen an, war ganz allein und zitterte. „Oh je", flüsterte Kitty. „Wo ist denn deine Mama?"

Star nahm das Fuchsbaby auf ihren Rücken, dann sagte sie: „Wir müssen sie unbedingt finden!"
Die drei Freunde gingen rund um den Hügel, doch fanden nirgends die Mama. Da machte Star ihre Augen zu und sprach einen Zauberspruch: „Glitzer, Gleitz, zeig uns mehr – kommen jetzt die Spuren her."

Juhu, es klappte. Vor ihnen erschienen leuchtende Pfotenspuren im Gras. Die Freunde folgten dieser Spur. Sie schlichen durch einen kleinen Wald, über eine Wiese und bis zu einem großen Baum. Plötzlich hörten sie ein lautes Rascheln. Oben im Baum saß ein Zuckerwatte-Adler, der die Fuchsmama in einem riesigen Nest eingesperrt hatte!

„Oh nein!", flüsterte Bunny und rannte einmal ganz schnell um den hohen Baum herum. Dabei wackelte der Baum so sehr, dass der Zuckerwatte-Adler davonflog. Der Ast brach, und vorsichtig halfen Kitty, Star und Bunny der Fuchsmama aus dem Nest. Das Fuchsbaby hüpfte sofort zu ihr. Sie kuschelten sich aneinander und alle waren sehr froh.

Sie gingen wieder zurück zu Rainbow und erzählten ihr alles, was sie gerade erlebt hatten. Nach einer Weile wurde es Nacht und die Sterne begannen zu funkeln. Alle waren sehr müde geworden und schliefen friedlich ein. Sie träumten schon von ihrem nächsten Abenteuer.

Der Bunte Dino
Viele Freunde

Band: 2

von Sina Bauer

Damit meine Leser/innen nicht verwirrt sind, könnt ihr hier alles über die Figuren lesen. In Kapitel 1 alles über magische Dinos, am Schluss noch den Dino Wortschatz und eine Leseprobe für den nächsten Band. Außerdem könnt ihr eine Freunde-Blume selber basteln und ihr könnt auch Tinas Tagebucheinträge lesen. Viel Buch-Spaß!

Charakterbeschreibung:

Name: Tina Jellis
Alter: 6 Jahre, Klasse 1b
Familie: Mama, Papa, Kai (nicht magische Dinos)
Dino-Art: Brachiosaurier
Ist der Dino normal ☐ oder magisch ☒
Magiezeichen: bunter Hals
Magie: kann einen Regenbogen zum Darübergehen zaubern
Geburtstag: 12. April
Aussehen: bunter Hals, lila Augen und roter Körper

Name: Mira Lindenblume
Alter: 6 Jahre, Klasse 1b
Familie: Mama, Papa
Dino-Art: Brachiosaurier
Ist der Dino normal ☒ oder magisch ☐
Geburtstag: 15. Juni
Aussehen: roter Körper und blaue Augen (Tinas beste Freundin)

Name: Finja Wasserberg
Alter: 6 Jahre, Klasse 1b
Familie: Mama, Papa, Zwillinge: Tommy und Janny
Dino-Art: Brachiosaurier
Ist der Dino normal ☒ oder magisch ☐
Geburtstag: 20. August
Aussehen: grauer Körper und braune Augen (wird Tinas Freundin)

Name: Timo Interkreuz
Alter: 6 Jahre, Klasse 1b
Familie: Mama, Papa, Leo
Dino-Art: Brachiosaurier
Ist der Dino normal ☒ oder magisch ☐
Geburtstag: 11. Oktober
Aussehen: türkiser Körper und grüne Augen (wird Tinas Freund)

Name: Vanessa Filterturm
Alter: 6 Jahre, Klasse 1b
Familie: Mama, Papa, Aria
Dino-Art: Brachiosaurier
Ist der Dino normal ☐ oder magisch ☒
Magiezeichen: Schneeglöckchen am Körper
Magie: kann Schneeglöckchen zaubern
Geburtstag: 17. März
Aussehen: goldener Körper und blaue Augen, Schneeglöckchen am Körper

Name: Vincent Grenzius
Familie: Mama, Papa
Alter: 7 Jahre (hat eine Klasse wiederholt) Klasse 1b
Dino-Art: Brachiosaurier
Ist der Dino normal ☐ oder magisch ☒
Magiezeichen: grüner Schleimhaufen am Körper
Magie: Schleimzaubern
Geburtstag: 7. Dezember
Aussehen: brauner Körper und blaue Augen,
Schleimhaufen am Körper (ist immer gemein)

Name: Niklas Flieda
Familie: Mama, Papa, Zwillinge (Lindor, Stefan)
Alter: 6 Jahre Klasse 1b
Dino-Art: Brachiosaurier
Ist der Dino normal ☒ oder magisch ☐
Geburtstag: 19. Mai
Aussehen: schwarzer Körper und grüne Augen (ist Vincents
bester Freund)

Restliche Figuren
Lehrerin: unterrichtet Tinas Klasse 1b, ist 35 Jahre alt und
heißt Frau Bildenstein.
Kai: ist Tinas großer Bruder, er ist 10 Jahre alt. Er liebt
Fußball. Sein bester Freund heißt Kevin.
Mama und Papa: Tinas Mama heißt Helga und ist 34
Jahre alt. Tinas Papa heißt Merlin und ist 45 Jahre alt.

Kapitel 1:
Die Welt der magischen Dinos

Magische Dinos sind Dinos, die Magie haben. Jeder magische Dino hat ein Magiezeichen. Ein Magiezeichen ist ein Zeichen, bei dem die Magie des Dinos heraus kommt. Wenn Magie heraus kommt, dann atmet der Dino schnell, das Herz klopft und es kribbelt im ganzen Körper. Außerdem ist die Magie, wenn mehrere Dinos mitmachen stärker als alleine. Es gibt aber auch nicht magische Dinos. Das sind Dinos, die keine Magie haben, also ganz normale Dinos. In diesem Buch geht es aber eher um Freundschaft. Das ist das zweite Abenteuer des bunten Dinos.

Kapitel 2:
Das versteckte Deutschbuch

Klingellingelling. Der Wecker läutete. Tina stand auf, um den Wecker auszustellen. Wie immer war Tina noch müde. Sie hätte gerne noch weiter geschlafen, aber das ging nicht. Tina musste nämlich in die Dino Schule. Sie ging in die Klasse 1b und ihre Parallelklasse war die 1a. Tina war so enttäuscht. Wie konnte sie sich nur von Vincent und Niklas überreden lassen, ihnen einen Streich zu spielen. Tina dachte nach. Das war noch gar nicht so lange her. Vincent und Niklas hatten ihr und Mira Streiche gespielt und sie geärgert, bis es ihnen schließlich zu bunt geworden war und sie gemeinsam Vincent und Niklas einen Streich gespielt hatten. Das, was Tina ärgerte: Während dem Streichespielen hatten Tina und Mira völlig vergessen, dass sie eigentlich neue Schulfreunde finden wollten. Und nun hatte Tina nur zwei Freunde. Nämlich Mira und Silika. Mira hatte sie im Kindergarten für ihre erste Freundschaft und für ihren Geburtstag kennengelernt. Tina und Mira waren in der gleichen Gruppe, der Strauß-gruppe gewesen. Seitdem waren Tina und Mira beste Freunde. Silika hatte Tina in Panama, der Haupt-stadt von Pangäa, kennengelernt. Und zufällig hatte Tina erfahren, dass Silika in dem Ort Dinila wohnte. Tina ging in die Volksschule Dinila, sie wohnte auch dort, wie alle Dinos, die in die Volksschule gingen.

Nachdem Tina den Wecker ausgestellt hatte, ging sie ins Nebenzimmer um Kai, ihren großen Bruder, aufzuwecken. Normalerweise sollte er schon längst wach sein. Typisch! Da lag Kai in seinem Bett und schlief tief und fest. Und der Wecker war ausgestellt. Tina klopfte Kai fest auf den Popo.

„Was ist?", fragte Kai verschlafen. „Habe ich einen Unterhosenwettbewerb?"

„Hast du schon wieder vergessen, dass heute Schule ist?", sagte Tina. Kai räkelte sich im Bett, dann setzte er sich auf. Tina ging wieder in ihr Zimmer. Das Zimmer sah toll aus: Ein Bett stand auf dem Boden. Daneben stand ein Kasten. Oben auf dem Kasten standen eine Packung Taschentücher, ein Wecker und eine Fliegenpilzlampe. In den Laden waren verschiedene Sachen: In der obersten Lade war Tinas Querflöte. Dann war unter der obersten Lade Tinas Tagebuch. Danach, in der nächsten Lade, war Tinas Spielzeug. Dann gab es eine leere Lade. In der unteren Lade war Tinas Mappe mit den Zeugnissen und Urkunden. Und in der ganz untersten Lade war Tinas Riffkalmarkostüm, das ihr schon zu klein war. Tina hatte es bei dem Faschingsfest im Kindergarten angehabt. Als Tina als Kleinkind Geburtstag gehabt hatte, hatte ihr ihre Oma ein Feuersalamander-Kostüm geschenkt.

Das lag auch in ihrer Lade und war Tina sowieso schon lange zu klein. Dann stand in dem Zimmer noch Tinas Schreibtisch. Am Wochenende würde Tina ihr Zimmer sortieren.

Zum Frühstück aß Tina ein Schnittlauchbrot und trank ein Glas Wasser. Tina nahm ihre Schultasche. Sie war lila mit einem Regenbogen drauf. In Tinas Schultasche waren das Federpennal, das Mitteilungsheft und das Mathebuch. Darin, auf Seite 7, hatte Tina Geometrie Hausübungen gemacht. Doch - oh Schreck, das Deutschbuch fehlte. Darin hatte Tina einen Lückentext ausgefüllt. Tina suchte überall in ihrem Zimmer. Nichts! Danach kam Kais Zimmer mit dem Suchen dran. Plötzlich sah Tina etwas unter Kais Bett liegen. Und was fischte Tina unter Kais Bett hervor? Ihr Deutschbuch!

Tina ging die Treppe hinunter! „Kai, du blödes Heftversteck-Monster", schrie Tina und sah zu Kai, der sich vor Lachen kaum halten konnte.

„Wer mich aufweckt, dem zahle ich es zurück", rief Kai.
Das sagte Kai immer, wenn er Blödsinn gemacht hatte. Tina sagte noch Tschüss zu allen (zu Kai allerdings: „Tschüss, du Heftversteck-Monster!"). Dann ging sie in die Schule. Die Schultasche trug sie um den Hals. Das machten alle Langhals-Saurier mit Körben, Sackerln und Rucksäcken.

Kapitel 3:
Kein schwerer Schulweg

Tinas Schulweg war ganz leicht. Einmal links, einmal rechts und dann geradeaus. Wenn Tina bei dem Vulkan vorbei ging, fühlte sie sich unsicher und hatte ein bisschen Angst. Der Vulkan könnte vielleicht ausbrechen. Tinas Herz klopfte und sie ging ein bisschen schneller. Bis jetzt war der Vulkan noch nicht ausgebrochen. Tina ging weiter. Als sie zu dem See kam, fiel es ihr immer schwerer, weiterzugehen. Im Herbst und im Winter nicht, da war es kalt. Aber im Frühling! Am schwersten fiel es Tina im Sommer. Sie würde am liebsten im See baden anstatt in die Schule zu gehen. Dann kam Tina zur Bäume-Allee. Am Rande des Weges standen schöne Bäume. Im Frühling blühten die Blüten an den Bäumen und Blumen umrandeten die Allee. Im Sommer wurden die Blüten zu hellgrünen Blättern und überall wuchs herrlicher Klee. Im Herbst waren bunte Blätter und braune Kastanien auf den Bäumen und in der Wiese, die dunkelgrün schimmerte. Im Winter war alles mit weiß glitzerndem Schnee bedeckt. Dann ging Tina an der Schiene vorbei, auf der der Dinoexpress fuhr. Dann kam Tina zu dem Zebrastreifen mit der Ampel. Es war zum Glück gerade grün.

Als Tina den Zebrastreifen überquert hatte, kam sie am Schulhof vorbei.

An einem Baum hing die goldene Pausenglocke, Büsche ragten auf, drei Bäume standen neben einem Tulpenbeet und es gab eine Bank und Baumstämme zum Balancieren. Endlich war Tina in der Schule angekommen. Es gab fünf magische Dinos in ihrer Klasse. Sie selbst war einer. Dann gab es noch Silika, Vincent, Finn und Vanessa. Jeder magische Dino hatte eine andere Magie. Tina ging in ihre Klasse.

Kapitel 4:
In der Schule

„Wir setzen uns um!", rief die Lehrerin. Mira flüsterte Tina zu: „Hoffentlich komme ich neben Finja, meine beste Freundin, genau wie du." In Tinas Klasse wurden die Sitzplätze immer ausgelost. Das erste Los wurde gezogen.

„Finja", las die Lehrerin laut vor. Mira drückte sich selbst die Daumen. „Hoffentlich werde ich gezogen!"

Tina fühlte sich gekränkt, weil Mira könnte doch beides hoffen, neben Finja und neben ihr zu sitzen. Schon wurde das zweite Los gezogen. Alle drei Dino-Mädchen hielten den Atem an. Die Lehrerin las den Namen auf dem Los, wie zuvor, laut vor: „Tina". Mira war enttäuscht. Silika kam neben Valerie und Vanessa neben den gemeinen Vincent. Timo hatte auch Pech, er musste neben Niklas sitzen, denn Niklas war der Freund von Vincent und nicht weniger gemein. Zufällig saßen die Zwillinge Walentin und Walentina zusammen. Finn, Luka und Sophia saßen wie ein Trio zusammen. Als alle Dinos auf ihren neuen Plätzen saßen und sich die Aufregung gelegt hatte, begann endlich der Unterricht. Lisa las die Lernwörter vor: „Vulkan-Dinomagie-Freunde-Brachiosaurier-Pflanzenfresser-Schultasche" und die anderen Dinos unterstrichen sie im Text. Die Hausübung war die Lernwörter in Sätzen zu verwenden und diese in das Heft zu schreiben.

In der Mathestunde gab es Rechengeschichten und die Hausübung war die letzte Geschichte fertig zu machen. Vor der großen Pause tuschelten Finja und Mira miteinander und flüsterten sich Wörter zu.

Kapitel 5:
Im Schulpark

In der großen Pause kamen Mira und Finja zu Tina. Als ob es nicht genug wäre, stellte sich noch Silika dazu.

„Wollen wir alle zusammen Freunde sein?", fragten alle im Chor und alle riefen: „JA".

Kurz darauf sahen sie Vanessa durch die Sitzreihen rennen. „Gib sofort mein Mathebuch her", schrie sie. Aber Vincent lief damit davon und konnte sich kaum halten vor lachen. Timo jagte Niklas hinterher, der sein Deutschbuch hatte. Bei dem Anblick musste Tina grinsen.

„Wir gehen in den Schulpark", rief die Lehrerin. „Stellt euch alle an!"

Draußen machte jeder etwas anderes: Valerie, Lukas, Finn, Walentin und Walentina pflegten das Tulpenbeet. Lisa und Sophia rannten um den Baum, auf dessen Ast die Pausenglocke befestigt war. Vincent und Niklas spielten Verstecken zwischen den Büschen. Tina, Finja, Mira, Timo, Silika und Vanessa balancierten auf den Baumstämmen und sie wurden alle Freunde. Nach der Schule gingen alle nach Hause. Tina und Vanessa gingen zusammen, weil sie wohnten zufällig nebeneinander. Sie quatschten am Heimweg. Als Tina nach Hause kam, erzählte sie wie immer ihre Erlebnisse der Familie.

„Da hast du aber ganz schön viele Freunde gefunden!",
staunte ihr großer Bruder Kai. Am Abend schlief Tina
glücklich und zufrieden über ihre neuen Freundschaften
ein.

Der Dino-Wortschatz
Was heißen die Wörter?

Dino-Schule: Schule für Dinos
Parallelklasse: Klasse nebenan
Fliegenpilzlampe: Lampe, die wie ein Fliegenpilz aussieht
Mitteilungsheft: Heft, wo man wichtige Sachen reinschreibt
Heftversteck-Monster: Monster, das Bücher und Hefte versteckt
Dinoexpress: Zug für Dinos

Bastel-Freunde-Blume:

1. Male Stängel, Blätter und Nektardrüse an. Schreibe auf die Nektardrüse deinen Namen und verziere sie. (zb. Glitzer, Schnüre, ausgestanzte Sachen).
2. Schneide alles aus. Gib die Blütenblätter deinen Freund:innen. Sie sollen ihren Namen draufschreiben und die Blütenblätter verzieren.
3. Deine Freund:innen geben sie dir zurück, wenn sie fertig sind.
4. Klebe alle zu einer Blume zusammen. Jetzt hast du eine Freunde-Blume. Denn Freundschaft ist wichtig.

Ostereier in der Schule

Es war Abend. Tina spielte im Garten. Sie rutschte gerade die orange Rutsche hinab. Das Gras war grün, der Himmel färbte sich rosarot. Es war Frühling. In Tinas Bauch kribbelte es.
Bald war Ostern.

Tagebucheintrag

Heute war ein toller Tag. Ich habe viele Freunde gefunden. Sie heißen Finja, Timo und Vanessa. Silika und Mira kannte ich schon länger. In der Schule ist auch alles gut gelaufen. Nur zuhause hat Kai mein Deutschbuch versteckt.

Die geheimnisvollen Ketten

von Leni Vergud-Schärf

Charakterbeschreibung:

Name: Marie
Alter: 12 Jahre
Outfit: einfarbige Leggings, bunte Shirts
Eigenschaften: eine loyale und mutige Freundin
Wohnort: Margaretengasse 27
Geschwister: Bruder Lukas

Name: Lukas
Alter: 11 Jahre
Outfit: Jogginghose, Sportshirt, Sportjacke
Eigenschaften: sportlich, schüchtern, brav
Wohnort: Margaretengasse 27
Hobbies: alle Sportarten, am liebsten Fußball und Tennis
Geschwister: Schwester Marie

Name: Luna (Kusine von Marie und Lukas)
Alter: 11 Jahre
Eigenschaften: Sie ist eine Tussi
Hobbies: singen, tanzen und schauspielen
Outfit: am liebsten Kleid oder Rock, geschminkt
Geschwister: Zwillingsbruder Tobias

Name: Tobias, auch Tobi genannt
Alter: 11 Jahre
Eigenschaften: Zocker
Hobbies: Verstecken spielen, Laufen gehen
Geschwister: Zwillingsbruder von Luna

Kapitel 1:
Die geheimnisvolle Truhe

In der Margaretengasse 27 wohnten zwei Geschwister. Sie wohnten in einem aus Holz gebauten Häuschen mit grünen Fensterläden. Das Haus war eher älter, deshalb passte die weiße neue Tür nicht zu dem Häuschen am Rand des Mühlendorfes.

Lukas, der kleine Bruder von Marie, war etwas kleiner und sportlicher. Meistens trug er eine hellblaue Jogginghose mit zwei weißen Streifen an der Seite, ein Sportshirt und eine orange Sportjacke. Marie trug meistens eine einfarbige Leggings, ein buntes Shirt und einen Pulli mit Aufschrift. Sie war mutiger und furchtloser als ihr kleiner Bruder. Außerdem wollte Lukas immer brav sein und nichts Verbotenes tun. Die Hobbies von Marie sind: Abenteuer zu erleben und mit Freunden zu spielen, sich auf Reisen zu begeben. Lukas macht eigentlich alle Sportarten sehr gerne, aber am liebsten spielt er Fußball und Tennis.

Als sie wie jeden Samstag um sieben Uhr schliefen, weckte sie das Klingeln der Tür auf. Sie gingen langsam und behutsam die knarrende Treppe hinunter um ihre Eltern nicht aufzuwecken. Kurz später waren sie bei ihrer Tür angekommen und staunten. Da sahen sie eine alte Holztruhe, die mit ungewöhnlichen Mustern geschmückt war.

Lukas fragte Marie: „Marie, weißt du, ob die Kiste für uns ist?"
„Natürlich ist sie für uns, sonst würde die Kiste ja nicht vor unserer Haustüre stehen. Außerdem stehen auf dem gelben Zettel, der auf der Truhe klebt, unsere Namen drauf. Also, komm öffne sie!"

Lukas überlegte einen Moment, aber dafür war er doch zu ängstlich.
Er sagte: „Nein, Marie, du bist doch 12 und ich 11 Jahre alt, also mach du sie auf!"
„Ok, wenn du zu ängstlich bist, mache ich sie auf", sprach Marie.

Als sie die Truhe öffnete, sah sie 4 verschiedenfarbige Ketten. Sie waren rot, blau, grün und lila. Außerdem befand sich in der Truhe ein mit Wachs zugeklebter Brief.

Als sie ihn öffneten, stand dort:

Lieber Lukas, liebe Marie, ihr fragt euch bestimmt, woher die Truhe und der Brief kommen? Sie kommen von mir, eurer Großmutter. Ich bin bestimmt schon länger gestorben, aber ich habe euch meine Zauberketten vererbt. Geht morgen Abend um 20:30 Uhr in den Düsterwald zu dem großen Baum. Dort trefft ihr euren Kusin und eure Kusine. Weitere Informationen folgen dort.

Liebe Grüße eure Oma Lisa.

Kapitel 2:
Der geheimnisvolle Brief

Ungefähr zur gleichen Zeit kam bei ihrem Kusin und ihrer Kusine auch ein Brief an. Die Zwillinge hießen Luna und Tobias. Luna hatte fast immer ein Kleid oder einen Rock an. Außerdem schminkte sie sich jeden Tag und war eine echte Tussi. Aber sie konnte auch singen, tanzen und schauspielern gut.

Tobias, auch Tobi genannt, wollte meistens Verstecken spielen oder laufen gehen. Zuhause hielt er sich nicht gerne auf, weil er hielt das Gezicke von seiner Zwillingsschwester nicht aus. Ihn nervte auch, wenn sie zu spät zur Schule kamen, weil Luna sich noch stylen musste.

Allerdings war es bei ihnen anders. Sie bekamen nur einen Brief und keine Truhe. Tobias weckte Luna auf, die ihn gleich anschrie:

„Es ist Samstag 7:00 Uhr. Ich brauche meinen Schönheitsschlaf."

„Aber, aber", stammelte der 5 Minuten ältere Zwillingsbruder.

„Was jetzt?", Luna ließ ihn fast gar nicht zu Wort kommen. Jetzt endlich erzählte er ihr von dem Brief und las ihr vor:

Lieber Tobias, liebe Luna,
bestimmt fragt ihr euch von wem dieser altmodische Brief kommt. Ihr werdet es vielleicht nicht glauben, er ist von mir, eurer schon länger verstorbenen Oma Lisa. Trefft bitte morgen Abend um 20:30 Uhr euren Kusin und eure Kusine im Düsterwald an dem großen Baum. Weitere Informationen folgen dort.

Liebe Grüße eure Oma Lisa.

Luna war ganz aufgeregt: „Waaas, in den Düsterwald? Der ist ja voll gruselig und gefährlich. Außerdem sind dort schon viele Kinder verschwunden und nie wieder aufgetaucht."
„Boah, du bist ja ein Angsthase", sagte Tobi. Die beiden waren den ganzen Tag aufgeregt und Luna überlegte schon, was sie für das besondere Abenteuer anziehen sollte. So verging der Tag recht schnell und es wurde Abend. Luna träumte vom Düsterwald und Tobi schlief tief und fest. Am nächsten Morgen packte Tobi seinen Rucksack mit den wichtigsten Sachen. Sie nahmen Proviant, eine Taschenlampe und Schlafsäcke mit. In der Aufregung vergaßen die Kinder aber ihre Handys. Die Zeit bis zum Abend verging langsam, bevor sie sich endlich mit Marie und Lukas trafen.

Kapitel 3:
Die magischen Ketten

Die vier Kinder trafen sich beim größten Baum, wie es in Oma Lisas Brief gestanden war. Luna und Lukas sahen sich ängstlich um, aber Marie und Tobi waren schon startklar und bereit für ihr Abenteuer. Lukas und Marie nahmen die 4 Ketten aus ihrem Rucksack, als Lukas einen Zettel am großen Baum entdeckte.

Darauf stand: <u>Die magischen Ketten!</u>

Die rote Kette ist für Tobias und er kann damit Sachen erhitzen oder in Brand stecken. **Die blaue Kette** ist für Luna und sie kann damit Dinge vereisen. **Die grüne Kette** ist für Lukas und er kann damit Pflanzen wachsen lassen.

Die lila Kette ist für Marie und sie kann damit beamen.

Jetzt waren die Kinder sprachlos und jeder hängte sich seine Kette um.

Wie auf dem Zettel stand, passten sie gut auf ihre Ketten auf, damit sie nicht gestohlen wurden, weil viele Leute wollten diese Zauberkräfte haben.

Kapitel 4:
Die Zauberkräfte

Es war schon spät und dunkel im Düsterwald, also suchten sich die Kinder einen Schlafplatz und rollten ihre Schlafsäcke aus. Sie schliefen nicht besonders gut, weil sie ungewohnte Geräusche von Tieren hörten. Am nächsten Morgen rief Marie: „Kommt, probieren wir unsere Ketten doch gleich aus."

Tobi wollte gleich anfangen und setzte mit einer Handbewegung einen etwas kleineren Baum in Brand. Jetzt hatten die Kinder alle Hände voll zu tun, um den Brand schnell zu löschen.

Als nächstes wollte Marie ihre lila Kette ausprobieren und sich neben Tobi beamen. Aber das ging schief und sie saß auf einem Ast über Tobi.

Nachdem sie hinunter geklettert war, nahm Lukas seine grüne Kette zur Hand. Er wollte damit eine kleine Blume wachsen lassen. Sie wurde aber riesig groß, sogar größer als er. Das sah sehr lustig aus und die Kinder mussten lachen.

Jetzt fehlte nur noch Luna mit ihrer blauen Kette. Sie vereiste einen Himbeerstrauch und so konnten alle vier Himbeereis schlecken. Die Kinder bemerkten, dass es gar nicht so einfach war mit den magischen Ketten zu zaubern.

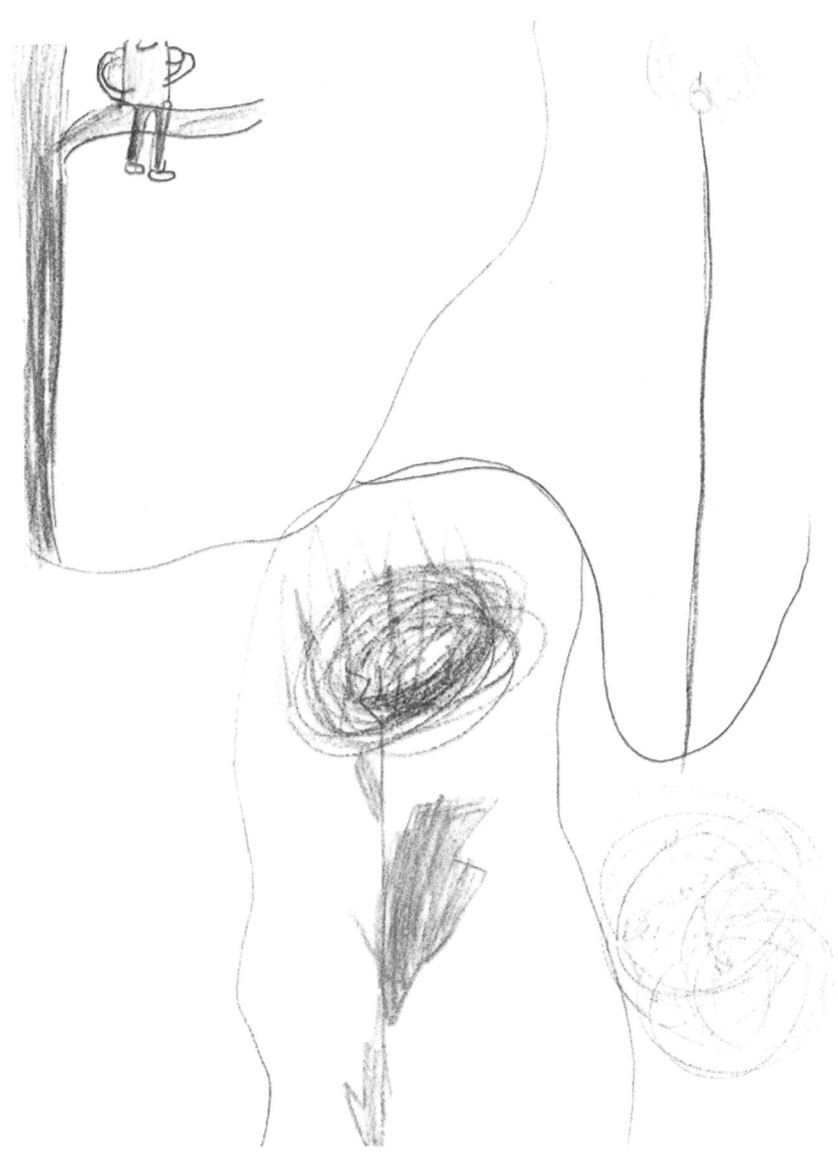

Kapitel 5:
Die wilde Verfolgung

Plötzlich raschelte es im Gebüsch und drei Räuber standen vor den Kindern. Der Düsterwald war ihr Revier und sie waren böse, dass die Kinder es betreten hatten. Schnell versuchten Luna, Lukas, Marie und Tobi zu fliehen, aber Luna stolperte über eine Wurzel. Ein Räuber packte sie und nahm sie gefangen. Die anderen zwei Räuber verfolgten die anderen drei Kinder und nahmen eine Abkürzung über den vereisten See. Dort brachen sie in das Eis ein und ertranken. Die Kinder rannten zurück zu Luna, überwältigten den Räuber und befreiten sie. Nach der ganzen Aufregung, beschlossen die vier Kinder nach Hause zu Marie und Lukas zu gehen.

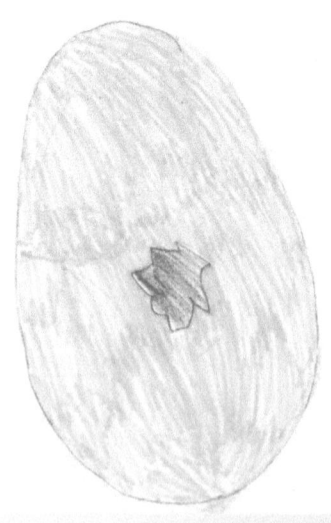

Kapitel 6:
Der gute Vorsatz

Dort feierten sie, aßen Chips und tranken Cola. Sie betrachteten ihre magischen Ketten nochmals ganz genau und beschlossen, dass sie immer sehr vorsichtig damit umgehen würden.

Luna sagte: „Wenn wir einmal alt sind, dann vererben wir unsere Zauberketten auch an unsere Enkel, so wie Oma Lisa."

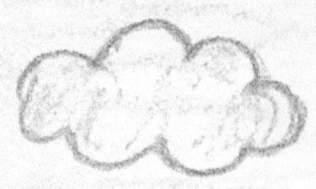

Ronja, Brummel und das Licht der Freundschaft

von Astrid Schneider

Lilly war eine kleine, flinke Maus, sie war sehr hübsch, hatte glänzendes Fell und eine sehr freche Nase. Ihr Rucksack war immer vollgestopft mit Blättern, Nüssen und zahlreichen Fundstücken. Sie hatte jede Menge Ideen und roch schon von Weitem ein Abenteuer.

Brummel war ein großer, gemütlicher Bär. Er liebte Honig, sein Mittagsschläfchen und moosweiche Plätzchen, auf denen er stundenlang träumen konnte.

Obwohl sie so verschieden waren – Lilly immer auf Abenteuersuche und unterwegs, Brummel eher langsam und gemütlich – waren sie trotzdem beste Freunde.

Vielleicht sogar die besten im ganzen Tierreich.
Jeden Tag zur gleichen Uhrzeit trafen sie sich an der uralten Eiche. Dort machten sie es sich eine Weile gemütlich und schmiedeten Pläne, beobachteten Ameisen, zählten Schnecken oder lagen wortlos im Gras und beobachteten die Wolken am Himmel.
An einem nebligen Mittwochmorgen wachte Lilly ganz früh auf. Brummel lag neben ihr und schnarchte laut. Die Sonne versuchte gerade, durch den Nebel zu scheinen, und der Boden war nass und alles im Wald noch still.
„Heute machen wir eine Schatzsuche!", sagte sie fröhlich zu Brummel, der langsam und verschlafen seine Augen öffnete.

„Aber nur wenn es dort Honig gibt", gähnte er und rieb sich die Augen.

Lilly grinste. „Abgemacht!"

Sie gingen los. Mit gespitzten Ohren ging Lilly voraus und ihr Freund Brummel trottete hinterher.

Sie liefen über raschelnde Blätter, sprangen über Pfützen und suchten unter Steinen und hinter Bäumen nach glitzernden Dingen.

Nach einer Weile stolperte Lilly über eine Wurzel und fiel auf die Nase – plumps! „Aua! Was war das denn?"

Unter ihrem Bauch spürte sie etwas Rundes. Schnell sprang sie auf und schaute nach. Da war ein kleiner Stein, der blau leuchtete. „Schau Brummel, der Stein sieht aus wie ein wertvoller Edelstein. Brummel beugte sich zu ihr und nahm den Stein.

„Wow, der bewegt sich... er glüht und ist ganz warm in meiner Hand."

Lilly nahm ihn wieder in die Hand.

Der Stein war nicht schwer, aber er fühlte sich an, als hätte er ein Herz – ganz leicht vibrierend, wie ein pochendes Glühwürmchen. „Das ist ganz sicher ein Zauberstein!" flüsterte Lilly.

Und so war es! Plötzlich begann der Stein in eine Richtung zu leuchten – als wollte er den Freunden den Weg zeigen.

„Lass uns dem Leuchten folgen", sagte Brummel nun auch ganz aufgeregt. Sie liefen tiefer in den Wald, an alten moosigen Bäumen vorbei, überquerten kleine Bäche und je weiter sie gingen, desto heller wurde das Licht des Steins.

Nach einer Weile standen sie vor einer kleinen Höhle. Sie hatten sie nicht sofort entdeckt, denn sie war von Ästen, Moos und Blättern bedeckt.

Ein uraltes Holzschild hing am Eingang und Brummel versuchte die krakelige Schrift zu lesen:

„Nur für Freunde mit Mut im Herzen."

Brummel schluckte und sah zu Lilly, die auf seiner Schulter saß. „Ich ... ich weiß nicht. Ich bin vielleicht nicht so mutig wie du, Lilly." Lilly sah ihn mit einem breiten Lächeln an. „Doch, Brummel. Du bist der mutigste Bär, den ich kenne. Mut heißt nämlich nicht, keine Angst zu haben – sondern trotzdem weiterzugehen." Brummel atmete ganz laut und dann schaute er sie noch einmal an und nickte. Gemeinsam gingen sie in die Höhle hinein. Es war sehr dunkel und viel kälter als draußen. Sofort fing der Stein an zu leuchten und die Wände der Höhle begannen zu glitzern. Und plötzlich passierte etwas Magisches: Die Wände wurden ganz hell und leuchtende Bilder erschienen.

„Das ist ja ... das sind ja unsere Erinnerungen!", rief Lilly fröhlich.

„Das ist unser Wald und unser Leben", murmelte Brummel und eine kleine Träne rollte über sein Gesicht. Der Stein hatte ihnen einen geheimen Ort voller Freundschaft gezeigt.

Es war eine Höhle, in der ihre schönsten gemeinsamen Momente lebten. Plötzlich flackerte das Licht des Steins ein letztes Mal und dann ... dann wurde es ganz still und dunkel. Der Stein war nun nur noch ein ganz normaler, winziger, runder Stein. Das Leuchten war in ihren Herzen geblieben. Sie gingen aus der Höhle nach draußen, wo nun statt dem Nebel die Sonne hell schien und fröhliche Vögel zwitscherten.

„Weißt du was, Brummel?", sagte Lilly leise.

„Das war unser Schatz." Brummel nickte und lächelte.

„Und das beste Abenteuer überhaupt."

Das kleine HOPPALA
auf großer Reise

von Beate und Leonie Eichinger

Vor langer, langer - eigentlich noch gar nicht so langer - Zeit passierte etwas ganz Sonderbares. Ein kleines HOPPALA fiel aus den Wolken vom Himmel und landete auf der Erde genau unter einem Baum.

Es wunderte sich sehr, wo es denn da gelandet war und schaute fragend nach oben. Dort sah es die schönen Blätter des Baumes, aber die sahen anders aus als das kleine HOPPALA. Ein Blatt war es also sicher nicht!

Es sah die besonderen Früchte des Baumes, aber die sahen anders aus als das HOPPALA. Eine Frucht war es also sicher nicht!

Also machte sich das kleine HOPPALA mutig auf die Reise, um herauszufinden, wer es war. Bald kam es zu einem Bauernhof, wo es sofort vom riesigen Hofhund begrüßt wurde. Er bellte freundlich und wedelte mit seinem Schwanz.

Das kleine HOPPALA zauberte sich auch einen Schwanz, aber ein Hund war es deswegen nicht. Also ging es weiter über eine große Löwenzahnwiese. Dort traf es einen braunen Hasen, der gerade Löwenzahn fraß. Er hatte zwei lange Ohren.

Das kleine HOPPALA zauberte sich auch zwei Ohren, aber ein Hase war es deswegen nicht. Dann kullerte es über einen hohen Holzstoß auf die andere Seite des Bauernhofes. Hier traf es ein Huhn, das gerade Körner aufpickte. Es hatte einen spitzen Schnabel.

Das kleine HOPPALA zauberte sich auch einen Schnabel, aber ein Huhn war es deswegen nicht. Schon etwas müde kugelte es einen Hügel hinunter bis zu einer Gänseblümchenwiese. Dort stand ein Schaf und fraß. Es hatte ein wunderbar weiches Fell.

Das kleine HOPPALA zauberte sich ein Fell, aber ein Schaf war es deswegen nicht. So rollte es den Bach entlang. „Das ist eine komische Welt!", dachte das kleine HOPPALA. „Alle sehen so toll aus, aber keiner so wie ich."
Als es sich im Wasser des Seerosenteiches so ansah, bekam es ein ganz seltsames, warmes Gefühl.
„Keiner sieht so aus wie ich. Aber ich kann aussehen, wie ich will und sein, wer ich will!", sagte es stolz.
Und das war gut so!

Zeitfracht Medien GmbH
Ferdinand-Jühlke-Straße 7
99095 Erfurt, Deutschland
produktsicherheit@kolibri360.de